**C. M. Herzog**

**Der Prachtfink**
**u. a. Exemplare**

Satirische Gedichte

Bibliografische Information der Deutschen Bibliothek

Die Deutsche Bibliothek verzeichnet diese Publikation in der Deutschen Nationalbibliografie; detaillierte bibliografische Daten sind im Internet über http://dnb.ddb.de abrufbar.

Foto: Klaus Galovits
Text: C. M. Herzog
Originalausgabe, 2016
Herstellung und Verlag:
© BoD – Books on Demand, Norderstedt
ISBN 978-3-7392-3735-0
Printed in Germany

*Nimm dir vom Baum die rote Kirsche,*
*da magst du lauern wie die Hirsche.*
*Doch stiehlst du meine Ribisel,*
*verzeihe ich dir nie, Wiesel!*

**INHALTSVERZEICHNIS**

Der Prachtfink .................................................................. 11

Der Esel ............................................................................ 12

Das Küken ....................................................................... 14

Die Heuschrecke ............................................................. 16

Die Steineule ................................................................... 17

Der Tiger ......................................................................... 18

Der Diebsvogel ................................................................ 19

Der Fliegenpilz ................................................................ 20

Der Hahn aus Gold .......................................................... 21

Der Hexenröhrling ........................................................... 22

Der Kahlkopf ................................................................... 23

Der Pottwal ...................................................................... 24

Der Spatz ......................................................................... 25

Der Tintenfisch ................................................................ 26

Die Flunder ...................................................................... 27

Der Wetterhahn ................................................................ 28

Die Eberesche .................................................................. 29

Die Honigbiene ................................................................ 30

Die Hummel .................................................................... 31

Die Trauerweide .............................................................. 32

Das Tausendguldenkraut ................................................. 33

Der schwarze Panther ...................................................... 34

Die Blindschleiche .................................................. 35

Die Saatkrähe ........................................................ 36

Die Uräusschlange .................................................. 37

Der Löwe ............................................................... 38

Der Kater................................................................ 39

Der Schimpanse ..................................................... 40

Der Hirschkäfer ...................................................... 41

Die Kamille ............................................................ 42

Der Holunder.......................................................... 43

Die Zwergbanane ................................................... 44

Das Moorhuhn........................................................ 45

Der Kormoran ........................................................ 46

Das Pferd............................................................... 47

Die Brillenschlange................................................. 48

Die Schleiereule ..................................................... 49

Der Steinkauz ........................................................ 50

Der Bienenschwarm ............................................... 51

Die Silbertanne....................................................... 52

Die Katze ............................................................... 54

Der Steinadler ........................................................ 55

Der Kaiseradler ...................................................... 57

Der Basilisk ............................................................ 58

Der Feuersalamander............................................. 59

Der weiße Stier ........................................................... 60
Der Schwertwal ......................................................... 61
Die Anemone ............................................................ 62
Die Landschildkröte ................................................. 63
Die Wühlmaus ........................................................... 65
Die Meerforelle ......................................................... 66
Die Unke ................................................................... 67
Die Blaumeise ........................................................... 68

**DER PRACHTFINK**

In Kirschbaumzweigen pfeift der Fink,
doch meiner ist ein Guss aus Zink.
Der Vogel sitzt auf einem Tuch
auf meinem alten Wörterbuch.
Er frisst kein Korn, pfeift keinen Ton
und fliegt den Menschen nicht davon.
Ein Prachtstück ist dies Federvieh,
doch nimmt es Vogelbäder nie.

**DER ESEL**

Es ritt aus seinem Dorf davon
Abdullah aus dem Libanon
auf seinem Esel. Denn er wollte
zum Markt, als plötzlich Donner grollte.

Am Wege schneite es herunter,
das Treiben wurde umso bunter,
als auf den Straßen Schnee und Eis
sich formten, ganz in Winterweiß.

Abdullah sah die Wagen rutschen,
und viele saßen in den Kutschen,
als auch die Pferde plötzlich scheuten,
als wollten sie das Wetter deuten.

Der Esel aber war gescheiter
und trabte unverdrossen weiter,
bei Schnee und Eis, bei Wind und Regen
- der alte Esel war zugegen.

So kam Abdullah wohlbehalten
nach Hause, als die Windgewalten
den Schnee so hoch wie Häuser türmten
und überall die Winde stürmten.

Sein Herr und Meister, der belohnte
den Esel, der im Stalle wohnte.
Er machte ihm aus Stroh und Heu
die Lagerstatt bequem und neu.

Noch oft ritt er auf ihm zum Markte,
wo neben ihm die Kutsche parkte,
beneidet von den reichen Leuten,
die Wind und Wetter wahrlich scheuten.

**DAS KÜKEN**

In China starb ein reicher Mann
als Greis auf seinem Lager.
Er war Buddhist und mager,
als gleich ein Totenkult begann.

Es zauberte sein Lieblingsmahl
die Frau mit seinen Kindern;
das Fleisch von zarten Rindern
und Reiswein gab es allemal.

Da legte sie ein frisches Ei
mit seiner weißen Schale
als Gabe zu dem Mahle,
noch ungekocht und völlig neu.

Sie zündeten ein Feuer an
verbrannten bunte Scheine
von Geld aus einem Schreine,
das schenkten sie dem toten Mann.

Er brauchte in der Unterwelt
den Reichtum, um zu leben,
so wurde ihm gegeben
das Geld, das er für sich behält.

Als nun die Gäste um den Tisch
zufrieden standen, schauten,
sich kaum zu atmen trauten,
da waren alle Speisen frisch.

Auf einmal sprang das weiße Ei
entzwei, und aus der Schale
hob sich mit einem Male
ein Küken! Ach, welch Zauberei!

**DIE HEUSCHRECKE**

Johannes aus der Bibel lebte
gar lange Zeit in einer Wüste;
weil er nach der Erleuchtung strebte,
verschlug es ihn nicht an die Küste.

Wenn er im Lande wieder weilte,
dann gürtete er sich mit Leder.
Sein Mahl, bei dem er gern verweilte,
war Honig unter einer Zeder.

Er aß, drum soll sich niemand schrecken,
nichts anderes den ganzen Tag
als eine Art von Heu-, ja!, Schrecken,
die kaum ein Mensch gern essen mag.

**DIE STEINEULE**

Zur Zeit, als Menschen mit der Steinkeule
den Hirschen jagten, der ums Leben lief,
da schnitzte einer eine Steineule,
zu der er die Gefährten alle rief.

Er warf sich nieder, und die andern auch,
vor diesem Tier, das weder sehen kann,
noch sprechen oder hören. Dichter Rauch
stieg auf zur Eule, als die Nacht begann.

Sie opferten Getreide, Fleisch und Fisch,
damit die Göttin ihren Weg erhellt,
so türmten sich die Gaben auf dem Tisch,
weil dies der Eule, die nichts weiß, gefällt.

**DER TIGER**

Es kam einmal in Niger
zu mir ein müder Tiger.
Er fragte nach dem Wege
zum Zoo in sein Gehege.

Um diese ernste Frage
bemüht an diesem Tage,
empfahl ich ihm die Beute
im Walde hier und heute.

Er dankte mir mit Lecken
der Zähne an den Ecken,
dann fraß er meinen Schäfer.
(Er war ein sanfter Schläfer.)

Sein Kopf lag, um zu ruhen,
auf meinen Lederschuhen.
Die Glücklichen entrannen,
so schlich auch ich von dannen.

**DER DIEBSVOGEL**

Ein Siegelring, und zwar mein grellster,
bescherte mir die freche Elster.
Ich sah sie auf den Fingern sitzen
und dabei ihre Augen blitzen.
Mein Ärmel wurde ihr zur Falle,
sie hing daran mit ihrer Kralle
und wickelte sich ein in meine
Krawatte aus dem Sportvereine.
Den Ring ließ sie am Ende sein:
Ich tauchte sie in Rotwein ein.
Dann hüpfte sie zur Tür hinaus
(ich wohne ja im Gartenhaus).
Auf meinem Anzug lauter Flecken,
für mich war es kein Honigschlecken.

**DER FLIEGENPILZ**

Die Hexe kocht den Fliegenpilz
mit einer weichen Rindermilz.
Sie zaubert eine braune Sauce
mit einer alten Pfefferdose,
mit Eierschwammerln, Speck und Wein
und rührt noch Salz und Mehl hinein.
Der Fliegenpilz mit seinem Hut
kommt auf die kleine Kohlenglut.
Der Mann kommt heim, verzehrt die Speise,
sogleich geht er auf Seelenreise:
„Was glänzt das Katzenfell so blau?
Liegt auf dem Teppich nicht der Tau?
Die hübsche Maid in Nachbars Garten
wird schon auf meine Arme warten!"
Der Mann verlässt beschwingt das Haus;
die Hexe kennt sich nicht mehr aus.
Das Gift belebt und wirkt nicht gut.
Der Mann geht fremd? Wie weh das tut.

**DER HAHN AUS GOLD**

Isolde ging am Berg spazieren,
um ihren Schäfer auszuführen.
Sie wanderte durch Wald und Flur
und sah die Schafe bei der Schur.
Da funkelte auf einer Wiese
ein Hahn aus Gold, nach Adam Riese
so an die tausend Taler wert.
Sprach sie: „Der hat schon mir gehört."

**DER HEXENRÖHRLING**

Im Wald spaziert ein Zauberlehrling
und findet einen Hexenröhrling.
Er eilt nach Hause, in die Küche,
aus dieser strömen Wohlgerüche.
Der Pilz, geschnitten, wird ganz blau
durch Zauberei, man weiß genau,
dass die Beschwörung ihn verfärbte.
Die Hexe war es, die verderbte.
Gekocht, gegessen und gesch…
Der Zauber fordert großes Wissen.

**DER KAHLKOPF**

Es liegt ein blasser Kahlkopf
in einem roten Stahltopf
mit Erbsen und Fisolen
auf glühend heißen Kohlen.
Der Pilz mit diesem Namen
erschreckt nicht nur die Damen.
Auf einmal ruft sein Geist:
„Welch Spötter ist so dreist,
mich abends zu beschwören?
Er soll mich schreien hören!"
Der Sammler, der da leidet,
wird keinesfalls beneidet.

**DER POTTWAL**

Vor langer Zeit im Kreis von Heiden
entdeckte man die Leibesfreuden.
Sie opferten dem alten Gott (Baal),
da schwamm ein mächtig großer Pottwal.
Das Opfer tauchte ein im Meer,
da kam das Untier schon daher
und schluckte es mit Haut und Haar;
doch schickte es sich wunderbar.
Im Walfischmagen war es dunkel,
nicht einmal Licht von Sterngefunkel.
Jedoch an einem fernen Strand,
da spie der Mann den Wal an Land.
Ach nein, es war ja umgekehrt:
Es war der Wal, der sich entleert.
Der Gott aus Stein war ohne Macht
in jener lauen Sommernacht.

**DER SPATZ**

Ein Magier hielt sich einen Spatz.
Wenn er ihn rief, mit einem Satz
war schon das Tier herbeigeflogen.
(Der Spatz war nämlich wohlerzogen.)
Wenn er den Hut zum Gruße lüpfte,
dann sah ich, wie der Vogel hüpfte.
Ich wünschte einen guten Morgen
und wollte mir das Vieh erborgen;
da aber war der Spatz verschwunden.
Er wurde niemals mehr gefunden.

**DER TINTENFISCH**

Es sind die Hyazinthen frisch,
daneben liegt der Tintenfisch.
Die Blumen duften gar so süß
wie aus dem Gartenparadies.
Der Fisch mit zehn, nicht acht Tentakeln
gibt Tinte, um aufs Blatt zu krakeln.
Man kann die bräunlich dunkle Farbe
vergleichen mit der Roggengarbe.
So lässt sich auch die Wäsche färben,
die Sepien schwimmen ins Verderben.

**DIE FLUNDER**

Ein Fisch schwimmt im Aquarium,
und zwar ein kerngesunder.
Er ist sehr platt und gar nicht dumm,
man nennt ihn nur: die Flunder.
Die beiden Augen starren mich
mit Prüferblick jetzt an.
Das Fischlein denkt sich sicherlich:
Was für ein dicker Mann!

**DER WETTERHAHN**

Geschickt stellt sich der Vetter an:
Er schnitzt sich einen Wetterhahn.
Das Tier sitzt neben einem Stalle,
die Hühner laufen zu ihm alle.
Den Hahn packt schon die Eifersucht,
er sehnt sich nach der Leibesfrucht.
Die Hennen aber sitzen still,
bis sich das Holzstück drehen will.
Dann gackern sie und flattern um
den Wetterhahn im Kreis herum.
Doch früh am Morgen ruht der Wahn:
da kräht der echte Hahn.

**DIE EBERESCHE**

Einst färbte man die weiße Wäsche
mit Rinde von der Eberesche.
Der Baum war auch für Mythen gut:
Die Beere schützt vor Hexenglut.
Wer Vogelbeeren heiß verzehrt,
wie schon die alte Handschrift lehrt,
erwirbt sich selbst ein langes Leben.
Sie bleiben nicht am Finger kleben.
Die Drosseln jedoch fressen keck
mir all die Beeren einfach weg.

**DIE HONIGBIENE**

Lila blüht die Aubergine;
sitzt darin die Honigbiene?
Hungrig sucht sie ihre Speise,
Nektar, Pollen, wechselweise.
Dann fliegt sie mit dieser Fracht
heim zum Stock in aller Pracht,
um die Jungen zu ernähren
und sie gleich den Fleiß zu lehren.
Dieser Spruch ist ganz allein
jedem Bienenstaat gemein:
Wir sind kleine Arbeitsbienen,
die dem Volke emsig dienen.

**DIE HUMMEL**

Ja, der Mops mit seinem Stummel-
Schwanz, der jagt die dicke Hummel.
Dies gelb-schwarz gestreifte Tier
brummt gar tief nach der Manier
seiner Rasse vor sich her.
Schnappt der Mops zu, bitte sehr:
Da erhebt sich ein Gejaule
und die Schwellung an dem Maule.
Doch die Hummel fliegt schnell fort
ohne nur ein Abschiedswort.

**DIE TRAUERWEIDE**

Verdirb mir nicht die ganze Freude,
sonst werde ich zur Trauerweide.
Dann schlagen meine Zehen aus
und winden sich die Wurzeln draus,
die Beine wandeln sich zum Stamme,
und auf den Armen eine Schramme,
aus der die ersten Säfte fließen,
die in die Zweiglein sich ergießen.
Das ganze Bäumchen neigt sich leicht,
bis es den Boden fast erreicht.
Statt meiner findest du dann nur
die trauernde Natur.

**DAS TAUSENDGULDENKRAUT**

Hans, dem vor seinen Schulden graut,
trinkt Tee von Tausendguldenkraut.
Es schmeckt unendlich grauenhaft,
doch darin wohnt die Zauberkraft.
Hans ist fürwahr ein edler Ritter,
denn dieses Kraut ist allzu bitter.
„Wofür die tausend Gulden zahlen?
Soll der doch dieses Kraut vermahlen,
der mir das Geld zuvor geliehen.
Dann sei ihm auch verziehen!"

**DER SCHWARZE PANTHER**

Im Collosseo bei den Spielen,
die dem Volke wohlgefielen,
standen Christen mit dem Speer,
da sprang die Katze vor sie her:

Hier hockte schon ein imposanter,
arroganter schwarzer Panther.
Manche rannten blindlings los
und fürchteten ums Leben bloß.

Die Katze aber schlich sich an
Marcus heimtückisch heran,
der sah wohl das Raubtier kommen,
obwohl er keinen Laut vernommen:

Mit Speereswurf war es vorbei
mit der Christenjagerei.
Schenkte Caesar nicht das Leben,
so ließe Gott die Erde beben.

**DIE BLINDSCHLEICHE**

Hinter der Windeiche
wohnt eine Blindschleiche,
gleich unterm Haselstrauch
schleicht sie auf ihrem Bauch.
Rührt man die Schleiche an,
wird sie zum Stock sodann.
Doch wenn sie kriechen kann
(Blindschleichen riechen dann),
freut sie sich voller Glück
über den Himmelsblick.

**DIE SAATKRÄHE**

Wenn ich den Spinat mähe,
wartet schon die Saatkrähe.
Dieses Vieh ist ganz versessen,
ausgebrachte Saat zu fressen.
Säe ich die Sonnenblumen,
frisst sie diese statt der Krumen,
lauert mit dem schwarzen Schnabel,
stochert wie mit einer Gabel.
Schon sind Löcher auf dem Felde
ohne Pflanzen, und in Bälde
frisst sie meinen Zuckermais,
brennt die Sonne endlich heiß.

**DIE URÄUSSCHLANGE**

Es ward dem Skarabäus bange,
traf er auf die Uräusschlange.
Sie ward von jedem Feind gescheut
in grauer Pharaonenzeit.
Cleopatra, bereit zu sterben,
ließ diese Kobra um sich werben.
Ein Biss der Schlange wirkt verderblich,
doch dieser macht dafür unsterblich.
Die Königin ließ Körbe kommen,
wie ihre Diener noch vernommen,
nahm an die Brust die teuren Schlangen:
Unsterblichkeit war ihr Verlangen.
Ägyptens Kobras dienten gerne
am Weg des Herrschers in die Sterne.

**DER LÖWE**

Es zittern die Armeniermöwen
vor jenen stolzen Königslöwen:
Goldbraune Augen, lange Mähnen
und ab und zu ein müdes Gähnen,
das große Maul weit aufgerissen,
mit dem sie manches Vieh gerissen.
Die Menschen gehen nicht hinaus,
ein jeder bleibt in seinem Haus,
denn nur ein Schlag mit ihrer Pratze
genügt bei dieser Riesenkatze.
Ein Löwe lauert in den Gassen!
Die Arbeit will ich ruhen lassen.

**DER KATER**

Sopherl schenkt dem alten Vater
einen zahmen weißen Kater,
Augen wie Smaragd so grün.
Alle Kinder lieben ihn.

Fipsi zwitschert unentwegt,
der Kanari ist erregt.
Schon ergreift das Krallentier
Fipsi durch die Käfigtür.

Welch Geheule und Geschrei!
Kater Josef war so frei,
fraß den Vogel heimlich auf.
Josef flieht im Dauerlauf.

Welche Lehre zieht ein Mann
aus dem Spiel, das froh begann?
Die Natur nicht zu vergessen:
Vogel ist für Raubtier Fressen.

**DER SCHIMPANSE**

Wir saßen einst im grünen Garten,
um auf gegrillte Steaks zu warten.
Und unter meinen Tischtuchfransen
entdeckte ich den Jungschimpansen,
von meiner Gattin eingehandelt,
weil sie mit einem Schwein gehandelt.
Der Affe schrie, mit seinen Händen
zog er am Tischtuch, um zu wenden,
da fiel das Wiener Porzellan
(der Affe sah mich fragend an)
hinab auf den gepflegten Rasen,
gemeinsam mit gekochtem Hasen.
Manch Gläschen Rotwein stand dabei,
drum sprang die Flasche auch entzwei,
bis dann das Tischchen überkippte
und auf dem Rasen langsam wippte.
Da sah ich den Schimpansen an
und meinte: Du tust gut daran,
dich in den Saustall zu begeben!
Dort magst du fortan glücklich leben.

**DER HIRSCHKÄFER**

Geh auf die Pirsch, Schäfer,
suche den Hirschkäfer
in einem Eichbaumstamm
hier in der Wildnisklamm.
Da fliegt der Käfer auf
(andere auch zuhauf).
Schon zwickt ein Käferlein
ihn in das Maul hinein.
Jault schon der arme Hund,
ist seine Schnauze wund.
Fürderhin gibt er Ruh
(schnappt halt woanders zu).

**DIE KAMILLE**

Wenn erst reifen die Marillen,
sammelt Mimi schon Kamillen-
Blüten mit dem Körbchen ein,
schützt sie vor dem Sonnenschein;

legt sie auf das Packpapier
(denn sie sind zum Trocknen hier),
packt sie in die Kräuterdose
neben ihrer China-Rose.

Wird die Mutter einmal krank
(eher selten, Gott sei Dank!),
kocht ihr Mimi diesen Tee,
mischt ihn auch mit Wiesen-Klee.

Die Kamille heilt die Grippe,
Hexenschuss, die wunde Lippe
und Entzündungen der Haut.
Wahrlich, welch ein Wunderkraut!

**DER HOLUNDER**

In der Au erblüht, oh Wunder,
schwarz und rot so manch Holunder.
Mancher brach sich Zweige ab,
wenn das Vieh ein Zeichen gab,
dass es krank war; und der Bauer
hängte diese an die Mauer.
Wenn sie trocken dort gehangen,
endete das lange Bangen:
Dadurch wurden schnell gesund
Kälbchen, Ochse, Schaf und Hund.
Denn wer wäre gar so dreist
und misstraut dem Hollergeist?

**DIE ZWERGBANANE**

Sitzend unter der Platane
mampft Marie die Zwergbanane,
wirft die braune Schale bald
auf die Straße vor dem Wald.

Als die Fahrradschelle schallt,
liegt die Schale am Asphalt.
Was soll sein, denkt sich Marie.
Einen Radler stört das nie.

Voll im Schwunge bremst er ab,
doch der Abstand ist zu knapp,
rutschend auf Bananenschalen
kann der Radler nicht mehr prahlen.

Gottseidank ist nichts passiert,
denkt Marie; ganz ungeniert
springt sie auf und läuft davon.
Welchen Radler stört das schon?

**DAS MOORHUHN**

Was soll denn unser Chor tun,
trifft dieser auf ein Moorhuhn?
Soll er denn einfach singen,
so wie die Noten klingen?
Das Tier ist infernalisch
begabt und musikalisch.
Drum keinen falschen Ton,
sonst gackert es zum Hohn.

**DER KORMORAN**

André liegt auf der Ottomane,
besucht von einem Kormorane.
Nun, jener flog ins Reihenhaus
und nahm nicht rechtzeitig Reißaus.
André packt ihn sofort beim Schopf
und steckt ihn in den Suppentopf.
Sieh da, der Vogel schmeckt nicht schlecht!
Nun ja, die Welt ist ungerecht.

**DAS PFERD**

Maria spricht den Vater an:
„So hilf, damit ich reiten kann!"
Doch weil das Pferd der Hafer sticht,
trägt es das schlanke Mädchen nicht.
Da packt der Vater kräftig zu
und schultert dieses Vieh im Nu:
Das Pferdchen wiehert laut vor Freude.
- Die zwei sind eine Augenweide.

**DIE BRILLENSCHLANGE**

Es bläst die Flöte der Beschwörer
der Schlange als ihr alter Lehrer.
So tanzt nach seinem Willen lange
die altbekannte Brillenschlange.
Das Giftzahnpaar streckt sie heraus
(das tötet nicht nur eine Maus).
Es fürchtet selbst ein starker Mann
das Tier, weil jeder sehen kann,
der Tod wiegt sich im Tanz dabei.
Sie ist nur ihrem Meister treu.

**DIE SCHLEIEREULE**

Ein Eremit auf einer Säule
winkt einer weisen Schleiereule.
Sie setzt sich auf die Schulter still,
weil sie vom Fluge rasten will.
Der Abend dämmert, und ihr Ruf
erschallt ganz leise zum Behuf,
dem Mönch ein Schlaflied anzustimmen
und seinen Scheitel zu erklimmen.
Der Mönch jedoch schläft stehend nie
von tiefer Nacht bis in die Früh.

**DER STEINKAUZ**

Tief in der Nacht, da fliegt der Stein-
Kauz in den dunklen Wald hinein.
Es rascheln die Blätter im Winde,
der Kauz sitzt im Wipfel der Linde.
„Die Heimat mein ist Griechenland",
so singt er außer Rand und Band
und freut sich über unsre Hand,
wie immer schon die Alten sagen:
die Eulen nach Athen zu tragen …

**DER BIENENSCHWARM**

Pindar lag in alten Zeiten
schlafend in der Blumenwiese,
ihm den Nektar zu bereiten,
schwärmten Bienen über diese.
Ja, dem kleinen Dichter bauten
sie im Schlafe eine Wabe
auf dem Munde, dem vertrauten,
Zeichen seiner großen Gabe.

**DIE SILBERTANNE**

Es sammelte ein Greis im Walde
das Reisig für den kalten Winter.
Vor ihm die Zweige und dahinter
ein kleiner Platz zu rasten balde.

Dem alten, vielgeprüften Manne
ward jener Rucksack allzu schwer,
ein bisschen Ruh war sein Begehr
im Schatten einer Silbertanne.

Als er nun seine Last erblickte,
rief er die Bären schon herbei.
Nur, diese waren scheinbar scheu,
der alte Mann saß da und nickte.

Doch als er einen Laut vernommen,
da schreckte er aus Träumen hoch.
Er saß ganz still und bebte noch,
als eine Helferin gekommen.

Die Sennerin vom Bergesgipfel
bot freundlich ihre Hilfe an.
Es war ein starkes Zweigespann.
Die Vögel zwitscherten im Wipfel.

Dem Manne aber sei vergeben,
er scheute fortan Wolf und Bär.
Der Sack mit Reisig ward nicht leer.
So blieb dem Greis ein frohes Leben.

**DIE KATZE**

Ägypten sah vor langer Zeit
ein Wunder, das das Herz erfreut.
Die böse Viper kroch ins Haus
und harrte voller Geifer aus,
da schlich sie sich zum kleinen Sohn,
der warf gleich einen Krug aus Ton.
Sofort erwachte auch die Katze,
und ganz verspielt mit ihrer Tatze
und Krallen stürzte sie darauf.
Die Viper gab den Odem auf.
So ward das Katzentier wohl eilig
dem ganzen Volk Ägyptens heilig.

**DER STEINADLER**

Einstmals flog der schöne Stein-
Adler über Berg und Hügel,
stolz und froh im Sonnenschein
spannte er die weiten Flügel.

Nun, es lag im Fels ein Nest
mit des Adlers schwachen Jungen,
doch die arge Schlangenpest
war darin schon eingedrungen.

Seine Küken fraß die Schlange,
weil die Nester nichts mehr taugen.
Doch der Adler flog nicht lange,
wartete mit Argusaugen.

Hier lag schon ein toter Stier,
Schlangenbrut versteckt im Bauch.
Dies verfluchte Schlangentier
schützte seine Jungen auch.

War die Schlange nicht zugegen,
kam der Adler mit den Krallen,
um die Jungen zu erlegen
(keinen Ton ließ er erschallen).

Ja, der Adler rächte weise
seine Jungen aus dem Nest,
kam zur Brut genauso leise,
und für ihn war es ein Fest.

**DER KAISERADLER**

Mächtig fliegt der alte Kaiser-
Adler durch die hohen Lüfte.
Seine Schwingen klingen leiser,
segelt er durch weite Klüfte.
Unser Land blickt stolz nach oben,
wenn zur Sonne er erhoben.
Kaiseradler liebt man hier:
Österreich, dein Wappentier!

**DER BASILISK**

Franz schleppte einen Obelisken
zum Brunnen mit dem Basilisken.
Einst trafen sich die Hexen hier,
verzauberten das Echsentier.
Ein jeder, der das Vieh erblickte
und dem die Flucht nicht vorher glückte,
erstarrte ohne Hülf zu Stein.
Schnell fiel der Obelisk hinein:
Das Wasser spritzte meterhoch,
der Basilisk verschwand jedoch.

**DER FEUERSALAMANDER**

Es kennt wohl schon Anaximander
den kleinen Feuersalamander,
der in Gewittern sein Versteck
verlässt, dann ist er wieder weg.

Er sei, so sagt man, ja ein Wesen,
das gar vorzüglich und erlesen
und lebt auch weiter voller Mut,
wirft man ihn in die Feuersglut.

Die Echse löscht die Flammen aus
ganz mühelos. Es schließt daraus
wohl jeder hochgelahrte Mann:
Das Tier vermag, was keiner kann.

**DER WEIẞE STIER**

Pasiphaë in den Wäldern
Kretas sieht den weißen Stier.
Da entflammt für dieses Tier
ihre Liebe. Auf den Feldern
kommt zu ihr das schöne Vieh
in verderbter Harmonie.

„Schließt das Tor zum Walde ab!
Unser Stier folgt all den Kühen.
Wollen wir uns wohl bemühen
(denn er kommt vom Berg herab),
dass er heimkehrt in den Stall
nach dem jüngsten Sündenfall!"

**DER SCHWERTWAL**

In des Herrscherhauses Herdsaal
brät die Köchin einen Schwertwal.
Noch ist er nicht durchgebraten,
doch das Steak wird gut geraten;
dafür braucht es einen Träger.
Dies ist jener schnelle Jäger,
den in kalten Meerestiefen
seine Stammesbrüder riefen,
Wal und Oktopus zu fressen.
Nun wird sein Filet vermessen.
Dieses Festmahl ist nicht wenig,
denn hier thront Ägyptens König.

**DIE ANEMONE**

Einst saß eine zahme Drohne
auf der roten Anemone,
die in Evas Garten blüht
und dort Heiterkeit versprüht.
Hungrig war das arme Tier
(doch es stand der Honig hier),
naschte bald vom Gartentisch
Honig auf dem roten Plüsch.
Bald verließ die satte Biene
ihre leckere Tribüne.

**DIE LANDSCHILDKRÖTE**

In der Villa steht ein Standbild
von Achill und einer Landschild-
Kröte, die sich einstmals maßen
und im Lauf die Zeit vergaßen.

„Panzertier, du kriechst nicht schnell
und bekommst judiziell
hundert Meter Vorsprung bloß:
Du bist klein, Achill ist groß."

Als der Wettkampf nun begann,
holte dieser starke Mann
das Reptil nie wieder ein,
ja, es musste Sieger sein.

Kaum war er die hundert Meter
weiter, kam er dorthin später
als das Tier, das weiterkroch.
Dem Reptil blieb Vorsprung noch.

Als Achill ihn überwunden,
ward das Tier dort nicht gefunden.
Er lief schnell, es schlich voran.
Und das Panzertier gewann.

**DIE WÜHLMAUS**

Im Umkreis jenes großen Nilstaus
vergnügte sich die braune Wühlmaus.
Da kam ein Storch vom Himmel her
(die Wühlmaus setzte sich zur Wehr)
und packte Mäuschens kleinen Bauch:
Das frische Futter schmeckte auch.
Dann flog er hin zum grünen Nil,
verliebt in Wind- und Wellenspiel.
Der Storch, der wühlte tief im Schlamm
und malte dort ein Anagramm:
Die Maus umschrieb er mit dem Saum,
dann flog er auf den nächsten Baum.

**DIE MEERFORELLE**

Bernd wickelt sich in Bärenfelle
und jagt die flinke Meerforelle.
Ganz silberglänzend ist der Fisch,
am Besten schmeckt er sicher frisch.
Sieh, die Forelle beißt schon an,
sie schwimmt nach oben, dreht sodann
den Körper und reißt alles mit.
Ach, Köder, Angel, Schnur entglitt!
Daher spürt Bernd die zügellose
Begierde nach der Thunfisch-Dose.

**DIE UNKE**

Der Hausherr einer Waldspelunke
erwirbt sich eine schwarze Unke.
Das Gift von diesem Unkentiere
verwendet er für Elixiere,
mischt einen Schlaftrunk für die Gäste,
serviert das Gift bei jedem Feste.
So mancher hört den Unkenruf,
bei dem er diesen Schlaftrunk schuf.
Am Ende ist das Tor verriegelt.
Das Elixier, das ihn beflügelt,
geleitet ihn in seinen Tod.
Die Unke stirbt im Morgenrot.

**DIE BLAUMEISE**

Opferst du Weihrauchharz,
lege auch Rosenquarz
neben die Schale.

Hier ist der Rosen Stolz,
Reisig aus Elsbeerholz
neben dem Grale.

Zünde die Hölzer an!
Spüre den Zauberbann
vor dem Altare.

Riechst du den teuren Rauch?
Duft wie von Fliederstrauch,
draußen die Stare.

Leise der Vogelsang,
lauter der Glockenklang
für Aphrodite.

Göttin aus Meeresflut
stärkte des Heeres Mut,
das vor ihr kniete.

Blau strahlt der Amethyst
(dass du ihn nicht vergisst)
bis in die Lüfte.

Wenn dich die Göttin hört,
wird sie vom Klang betört,
riecht sie die Düfte.

Neige dich gnadenreich,
Göttin, mir zu sogleich,
sei mir gewogen.

Nicht sei die Liebste mein
länger noch ganz allein,
die ich belogen.

Zwitschert die Blaumeise
in einer Baumschneise
unter der Sonne:

Jüngling, die holde Maid
freut sich der Frühlingszeit
bald voller Wonne.

*C. M. Herzog*, Mag. phil., geboren 1966 in St. Pölten, Niederösterreich, Übersetzer, Studium an der Universität Wien; Studien der alten Sprachen Latein, Altgriechisch, Ivrit; ehemals Autor der Literaturzeitschrift *Wiener Journal*, Prosa und Lyrik.